ARREST
DV CONSEIL
D'ESTAT.

Portant que les Presses, Fourneaux, Moulins,
Laminoirs, & Coupoirs establis pour la fabrication des Doubles, tant de France que de
Sedan & Charleuille, seront rompus & dé-
& les fers, carrez, & autres engins ser-
adite fabrication, difformez : & defen-
exposer, ny receuoir lesdits Doubles,
ceux de France, qui ont à present
à plus d'vn denier, sur les peines y
nnées.

A PARIS,

Chez SEBASTIEN CRAMOISY, Imprimeur ordinaire du Roy, & en la Cour des
Monnoyes, ruë Sainct Iacques.

M. DC. XLIII.
Auec Priuilege de sa Maiesté.

ARREST
DV CONSEIL
D'ESTAT.

Portant que les Preſſes, Fourneaux, Moulins, Laminoirs, & Coupoirs eſtablis pour la fabrication des Doubles, tant de France que de Sedan, & Charleuille, ſeront rompus & démolis, & les fers, carrez, & autres engins ſeruans à ladite fabrication, difformez : & defendant d'expoſer, ny receuoir leſdits Doubles, meſmes ceux de France, qui ont à preſent cours, à plus d'vn denier, ſur les peines y mentionnées.

A PARIS,

Chez Sebastien Cramoisy, Imprimeur ordinaire du Roy, & en la Cour des Monnoyes, ruë Sainct Iacques.

M. DC. XLIII.

Auec Priuilege de ſa Maieſté.

EXTRAIT DES
Regiſtres du Conſeil d'Eſtat.

E ROY ayant receu diuerſes plaintes de la continuation des abus & deſordres qui ſe ſont introduits en ce Royaume, tant par la nouuelle fabrication des Doubles qui a eſté permiſe en l'année 1642. par le feu Roy à certains particuliers, leſquels ſe trouuent defectueux au titre, poids & impreſſe ordonnée par les Arreſts ſur ce interuenus, que par l'expoſition des Doubles eſtrangers fabriquez à Sedan, Charleuille &

autres Principautez enclauées en ce Royaume, qui font encores plus defectueux que ceux de France, dont neantmoins le debit eft fi grand dans toutes les Prouinces du Royaume, que s'il n'y eftoit promptement remedié, cet abus pourroit alterer le cours des Monnoyes d'or & d'argent, & produire des confequences tres-preiudiciables à l'Eftat & au Public : Et voulant fa Maiefté empécher que ce mal ne prenne vn plus grand accroiffement, en attendant que par vn Reglement general elle ait pourueu fur la reformation de cette efpece de Monnoye pour la commodité & foulagement de fon peuple ; apres s'eftre fait reprefenter les Arrefts donnez en fon Confeil les dernier

Mars 1638. & 21. Ianuier 1643.
fur la reduction du cours defdits
Doubles eftrangers à vn denier
pendant la prefente année feule-
ment, apres laquelle ils demeure-
ront fupprimez, & celuy du 25.
Iuin dernier portant côfirmation
defdits Arrefts à l'égard defdits
Doubles eftrangers, fuppreffion
de la nouuelle fabrication de
ceux de France dans la fin de la
prefente année, & defenfes aux
Receueurs & Fermiers de fa Maiefté d'en receuoir aucuns : SA
MAIESTE' EN SON CONSEIL,
a ordonné & ordonne aux Officiers de la Cour des Monnoyes de
deputer des Commiffaires pour fe
tranfporter dés à prefent dãs toutes les villes & lieux où la nouuelle fabrication des Doubles eft

establie, & faire rompre & demolir inceſſamment les Preſſes, Fourneaux, Moulins, Laminoirs, Coupoirs, & difformer les fers & carrez & autres engins ſeruans à ladite fabrication, & meſmes faire
fondre les flancs & matieres deſtinées pour leſdits Doubles, pour
eſtre renduës aux Traitans & Entrepreneurs; comme auſſi les faire
compter de la quantité des Doubles fabriquez eſdites Preſſes depuis l'eſtabliſſement d'icelles iuſques à preſent, ſur les controlles
qui en ont eſté tenus, dont leſdits
Commiſſaires dreſſeront leurs
procez verbaux qu'ils enuoyerót
audit Conſeil pour ſeruir à la verification des eſtats deſdits Traitans
& Entrepreneurs : auſquels & à
tous Monnoyers, ouuriers & au-

tres ſa Maieſté defend tres-expreſſément de plus fabriquer aucuns
Doubles ; & à tous Tailleurs &
Graueurs de faire aucuns fers,
poinçons ny carrez pour cet effet,
ſur peine de la vie. Et parce que le
principal deſordre vient des fabrications des Doubles de Sedan
& Charleuille, dont le cours n'a
peu eſtre arreſté iuſques à preſent,
quelques defenſes & Reglemens
qui ayent eſté faits ſur ce ſuiet: SA
MAIESTE' ordonne pareillement
auſdits Commiſſaires de la Cour
des Monnoyes de faire rompre &
demolir les Preſſes & autres engins ſeruans auſdites fabrications
de Sedan & Charleuille, fondre
les flancs & les matieres, en ſorte
qu'elles ne puiſſent eſtre conuerties en ladite Mónoye: Enioignāt

pour l'execution de ce aux Gouuerneurs defdites places, de pre-
fter main forte aufdits Commiffaires, à peine de defobeiffance. Et
en attendant que fa Maiefté ait
pourueu fur la reformation generale des Doubles, A ORDONNE'
& ordonne, conformément aux
Arrefts du Confeil des dernier
Mars 1638. 24. Ianuier & 25. Iuin
derniers, que les Doubles eftrangers, mefmes ceux de France qui
ont à prefent cours, ne feront cy
apres expofez que pour vn denier:
Defendant fa Maiefté à tous fes
fuiets de les donner ny receuoir à
plus haut prix, à peine d'amende
arbitraire & de confifcation pour
la premiere fois , & du foüet
pour la feconde ; Comme auffi à
tous les Receueurs, Fermiers &

Com-

Comptables de sa Maiesté, de receuoir pourle prix de leurs Fermes
& Receptes aucuns desdits Doubles, à peine de confiscation, & de
trois cens liures d'amende. Ordonne en outre sa Maiesté, qu'il
sera informé par ladite Cour des
Monnoyes des abus & maluersations commises au faict de ladite
nouuelle fabricatiõ des Doubles,
& le procez fait & parfait aux
coupables suiuant la rigueur des
Ordonnances, & que les procedures commencées par les Commissaires de ladite Cour contre
ceux qui ont trafiqué des Doubles estrangers, & transporté des
Cuiures hors le Royaume, seront
continuées. ENIOIGNANT tres-
expressément à ladite Cour de re-
nir soigneusement la main à l'exe-

cution du preſent Arreſt, & faire punir les contreuenans ſuiuant les Ordonnances ; & à ſon Procureur general en ladite Cour, de faire toutes inſtances, requiſitions & diligences pour ce neceſſaires, meſmes de faire publier le preſent Arreſt en tous les lieux du Royaume que beſoin ſera, à peine d'en répondre en ſon propre & priué nom. FAIT au Conſeil d'Eſtat du Roy tenu à Paris le cinquiéme iour d'Aouſt 1643.

Signé,   BOVER.

LOVIS par la grace de Dieu Roy de France & de Nauarre, A nos amez & feaux Conſeillers les gens tenans noſtre Cour des Monnoyes, Salut. Suiuant l'Arreſt dont l'extrait eſt cy attaché sous le contreseel de nostre Chancellerie, ce iourd'huy donné en nostre Conseil d'Estat, Nous vous mandons & ordonnós de deputer des Cómissaires pour se trásporter dés à present dás toutes les villes & lieux où la nouuelle fabrication des Doubles est establie, faire rompre & demolir incessammét les Presses, Fourneaux, Moulins, Laminoirs, Coupoirs, & difformer les fers & carrez & autres engins seruás à ladite fabrication, mesmes faire fondre les flancs & matieres destinées pour lesdits Doubles pour estre renduës aux Traitans & Entrepreneurs; comme aussi les faire compter de la quantité des Doubles fabriquez esdites Presses depuis l'establissement d'icelles iusques à present,

ſur les controolles qui en ont eſté
tenus, dont leſdits Commiſſaires
dreſſeront procez verbaux qu'ils
enuoyeront en noſtredit Conſeil,
pour ſeruir à la verification des
eſtats deſdits Traitans & Entrepreneurs: auſquels & à tous Monnoyers, ouuriers & autres nous
defendons tres-expreſſément de
plus fabriquer aucuns Doubles;
& à tous Tailleurs & Graueurs
de faire aucuns fers, poinçons ny
carrez pour cet effet ſur peine de
la vie. Et parce que le principal
deſordre vient des fabrications
des Doubles de Sedan & Charleuille, dont le cours n'a peu eſtre
arreſté iuſques à preſent, quelques
defenſes & Reglemens qui ayent
eſté faits ſur ce ſuiet : leſquels
Commiſſaires feront pareillemét

rompre & demolir les Presses &
autres engins seruans ausdites fabrications de Sedan & Charleuille, fondre les flancs & les matieres,
en sorte qu'elles ne puissent estre
conuerties en ladite Monnoye :
Comme aussi vous informer des
abus & maluersations cómises au
fait de ladite nouuelle fabrication
des Doubles, faire & parfaire le
procés aux coupables selon la rigueur des Ordonnances, conti-
nuer les procedures commencées
par les Commissaires de nostredi-
te Cour contre ceux qui ont trafiqué des Doubles estrangers, &
transporté des Cuiures hors le
Royaume, & tenir soigneusement
la main à l'entiere executió dudit
Arrest, & faire punir les contreuenans suiuant nos Ordonnan-

ces. ENIOIGNONS à noftre Procureur general en noftredite Cour de faire toutes inftances, requifitions & diligences pour ce neceffaires, mefmes faire publier ledit Arreft en tous les lieux de noftredit Royaume que befoin fera, à peine d'en répondre en fon propre & priué nom. ENIOIGNONS auffi aux Gouuerneurs defdites places de prêter main forte aufdits Cõmiffaires, à peine de defobeiffance. Commandons au premier noftre Huiffier ou Sergent fur ce requis de fignifier ledit Arreft aufdits Traitans, Entrepreneurs, à tous Monnoyers, Ouuriers, à tous Receueurs, Fermiers, Comptables & autres qu'il appartiendra, à ce qu'ils n'en pretendent caufe d'ignorance, faire les defenfes y

contenuës sur les peines y decla-
rées, & tous commandemés, som-
mations , assignations & autres
actes & exploits necessaires, sans
demander autre permission: & sera adiousté foy comme aux Originaux aux copies dudit Arrest,
& des presentes collationnées par
l'vn de nos amez & feaux Conseil-
lers & Secretaires : Car tel est nostre plaisir. DONNE' à Paris le cinquiéme iour d'Aoust, l'an de grace 1643. Et de nostre Regne le premier. Par le Roy en son Conseil,
signé BOVER, & seellé.

EXTRAIT DES REGISTRES
de la Cour des Monnoyes.

Ev par la Cour l'Arreſt du Conſeil d'Eſtat, tenu à Paris le cinquiéme iour des preſens mois & an, ſigné Bover: par lequel ſa Maieſté pour les cauſes y contenuës, ordonne aux Officiers de la Cour des Monnoyes de deputer des Commiſſaires pour ſe tranſporter dés à preſent dans toutes les Villes & lieux où la nouuelle fabrique des Doubles eſt établie, faire rompre & démolir inceſſamment les Preſſes, Fourneaux, Moulins, Laminoirs, Coupoirs, & difformer les fers, carrez, & autres engins ſeruans à ladite fabrication, meſmes faire fondre les flancs & matieres deſtinées pour leſdits Doubles, pour eſtre rendus aux Traittans & Entrepreneurs, comme auſſi les faire compter de la quantité des Doubles fabriquez eſdites Preſſes depuis l'établiſſement d'icelles iuſques à preſent ſur les controolles qui en ont eſté tenus, dont leſdits Commiſſaires dreſſeront leurs procez verbaux qu'ils enuoyeront audit Conſeil, pour ſeruir

uir à la verification des estats desdits Traitans & Entrepreneurs, ausquels, & à tous Monnoyers, Ouuriers, & autres sa Maiesté defend tres-expressément de plus fabriquer aucuns Doubles, & à tous Tailleurs & Graueurs de faire aucuns fers, poinçons, ny carrez pour cet effet, sur peine de la vie. Et parce que le principal desordre vient des fabrications des Doubles de Sedan & Charleuille, dont le cours n'a peu estre arresté iusques à present, quelques defenses & reglemens qui ayent esté faits sur ce suiet: SA MAIESTE' ordonne pareillement ausdits Commissaires de la Cour des Monnoyes de faire rompre & démolir les Presses, & autres engins seruans ausdites fabrications de Sedan & de Charleuille, fondre les flancs & les matieres en sorte qu'elles ne puissent estre conuerties en ladite monnoye: enioignant pour l'execution de ce aux Gouuerneurs desdites Places de prester main forte ausdits Commissaires à peine de des-obeïssance. Et en attendant que sa Maiesté ait pourueu sur la reformation generale des Doubles, a ordonné & ordonne conformémét aux Arrests du Conseil des dernier Mars 1638.24.Ianuier, & 25.Iuin derniers,

C

que les Doubles eſtrangers, meſmes ceux
de France qui ont à preſent cours ne ſeront
cy aprés expoſez que pour vn denier; defendant ſa Maieſté à tous ſes ſuiets de les
donner ny receuoir à plus haut prix, à peine d'amende arbitraire, & de confiſcation
pour la premiere fois, & du foüet pour la
ſeconde. Comme auſſi à tous les Receueurs, Fermiers, & Comptables de ſa Maieſté, de receuoir pour le prix de leurs Fermes & Receptes aucuns deſdits Doubles
à peine de confiſcation, & de trois cens liures d'amande. Ordonne en outre ſa Maieſté, qu'il ſera informé par ladite Cour des
Monnoyes des abus & maluerſations commiſes au fait de ladite nouuelle fabrication des Doubles, & les procés faits & parfaits aux coupables ſuiuant la rigueur des
Ordonnances, & que les procedures commencées par les Commiſſaires de ladite
Cour, contre ceux qui ont fabriqué des
Doubles eſtrangers, & tranſporté des
cuiures hors le Royaume, ſeront continuées: enioignant tres-expreſſément à ladite Cour de tenir ſoigneuſement la main
à l'execution du preſent Arreſt, & faire punir les contreuenans ſuiuant les Ordonnances, & à ſon Procureur General en la-

dite Cour, de faire routes inſtances, requiſitions & diligences pour ce neceſſaires; meſmes de faire publier ledit Arreſt
en tous les lieux du Royaume que beſoin
ſera à peine d'en répondre en ſon propre
& priué nom : Commiſſion dudit iour ſur
ledit Arreſt pour l'execution d'iceluy, a-
dreſſante à ladite Cour, attachée ſous le
contreſeel, ſignée, Par le Roy en ſon Conſeil, BOVER, & ſeellée du grand ſceau de
cire iaune. Acte d'oppoſitiõ de Simon Ma-
thieu ayãt traité auec ſa Maieſté pour le ré-
tabliſſement des Doubles en ce Royaume:
cauſes & moyens d'oppoſition, requeſte &
pieces y attachées, communiquées audit
Procureur General de l'Ordonnãce de ladite Cour. Tout conſideré: LA COVR, ſans
s'arreſter à l'oppoſition dudit Simon Ma-
thieu, pour laquelle il ſe pouruoira parde-
uers le Roy en ſon Conſeil, a ordonné &
ordonne que ledit Arreſt & Commiſſion
du cinquiéme des preſens mois & an, ſeront regiſtrez és Regiſtres d'icelle pour
eſtre executez, gardez & obſeruez de
point en point ſelon leur forme & teneur,
& meſme que ſuiuant ledit Arreſt, il ſera
inceſſamment informé à la requeſte dudit Procureur General par les Commiſ-

faires à ce deputez des abus & maluerſations commiſes à ladite nouuelle fabrication des Doubles, & les procés inſtruits, faits & parfaits aux coupables & contreuenans aux Ordonnances iuſques à Sentence difinitiue excluſiuement, & ſeront les procedures & inſtructions encommencées par les Commiſſaires de ladite Cour contre ceux qui ont fait trafic, achapt, vente, & debit des Doubles eſtrangers, & tranſports des cuiures hors le Royaume continuées, & le tout nonobſtant oppoſitions, appellations, recuſations, priſes à partie, & ſans preiudice d'icelles, pour leſquelles ne ſera differé, pour ce fait apporté & communiqué audit Procureur General, eſtre ordonné ce que de raiſon : Et outre ordonne ladite Cour que leſdits Arreſt, Commiſſion, & preſent Arreſt, ſeront leus & publiez à ſon de trompe & cry public, & affiches miſes és Carrefours & lieux accouſtumez de cette Ville & Fauxbourgs de Paris, & par toutes les Villes & lieux de ce Royaume que beſoin ſera, à ce qu'aucun n'en pretende cauſe d'ignorance, & copies d'iceux imprimées, collationnées par le Greffier de ladite Cour, auſquelles foy ſera adiouſtée comme aux originaux, ainſi

qu'il eſt porté par ladite Commiſſion,
enuoyées tant aux Generaux Prouin-
ciaux, Iuges, Gardes des Monnoyes,
Baillifs, Seneſchaux, Preuoſts, & autres Iuges Royaux de cedit Royaume,
pour eſtre pareillement leus & publiez,
& tenir la main à l'execution deſdits Arreſts & Commiſſion, leſquels certifieront
ladite Cour de leurs diligences au mois.
FAIT en la Cour des Monnoyes le treizié-
me Aouſt mil ſix cens quarante trois.
Signé, DELAISIRE.

L'an mil ſix cens quarante trois le 17.
iour d'Aouſt, l'Arreſt du Conſeil d'Eſtat, Com-
miſſion ſur icelle, & l'Arreſt de ladit Cour cy-
deſſus, ont eſté leus & publiez à ſon de trompe &
cry public aux Carrefours & autres lieux tant
ordinaires qu'extraordinaires de cette Ville
& Fauxbourgs de Paris, en la preſence de
nous Iean Gerin premier Huiſſier en ladite
Cour, & Iacques Blondel Huiſſier en icelle,
par Iean Ioſſier Iuré Crieur en ladite Ville,
Preuoſté & Vicomté de Paris, accompagné de
trois Trompettes commis de Pierre Gilbert,
Gentien le Chable, & Noiret, Iurez Trom-
petes du Roy eſdits lieux: comme auſſi ont eſté
leſdits Arreſt, Commiſſion, & preſent Arreſt

'affichez par nous en tous les lieux accouftumez
de ladite Ville & Fauxbourgs de Paris, à ce
qu'aucun n'en pretende caufe d'ignorance.
Signé,   GERIN, & BLONDEL.

Collationné aux Originaux par moy Confeil-
ler & Secretaire du Roy, Maifon, & Cou-
ronne de France, & de fes Finances, Greffier
en chef de la Cour des Monnoyes.